कलम रुकती नहीं है

कविता संग्रह

अनुराग मिश्र 'अनुभव'

ISBN 979-888606778-1

क्रम-सूची

भूमिका — v

खुदखुशी

रिस्ता है या जंजीर है

क्या खूब लग रही थी तुम

मैं भी आउंगा

सरहद की चिंता से बढ़कर मुझको यह चिंता खाती है

वह कौन थी ?

हम कम उम्र वाले नौजवान हैं

मतलब का जमाना है

लंगड़ी गाय की हाय !

सूरज

भूमिका

मैं अनुराग मिश्र ' अनुभव अपनी प्रथम पुस्तक 'कलम रुकती नहीं है का विमोचन, आज तारीख 18 - फरवरी 2022 को कर रहा हूँ । यह पुस्तक किसी विशेष प्रकार की उद्देश्य की पूर्ति नहीं करती है, बल्कि व्यक्तिगत जीवन में प्राप्त अनुभव को उजागर करती है ।

इस पुस्तक में एक छात्र जीवन की सीमाओं को ध्यान मे रखते हुए , जीवन के विचारनीय तथा मार्मिक पहलुओं पर विवेकानुसार तर्क प्रस्तुत किया गया है । साहित्य की काव्य विधा को अपनाकर लेखक ने मनोरंजन को भी दृष्टिगत रखा है । पुस्तक लिखने के कारण स्वयम् को लेखक अवश्य लिखना पड़ रहा हैं, परंतु मैं साहित्यकार अथवा कवि की संज्ञा का आकांक्षी नहीं हूँ ।

पूर्वलिखित है कि यह मेरी प्रथम पुस्तक है , अत: त्रुटियाँ स्वाभाविक हैं, जबकि लेखन सामाग्री को बहुत ही सावधानी पूर्वक तैयार किया गया है।

यदि पाठक को किसी भी प्रकार की त्रुटि से भेंट होती है तो उनका सुझाव सादर आमंत्रित है और इसके लिये आपको हृदय से बेहद धन्यवाद !

• लेखक

खुदखुशी

कायस्थ , इससे भी अधिक क्या हो सकेगा ?

आदमी ,गर आदमीयत खो चुकेगा।

विघ्न से भयभीत होकर ,काल से बाहैं मिलाना,

वीर को नहीं ज़चता है ,समर से भाग जाना।

उलझनें ,आती हैं, आने दो।

चक्षु को ,खुद से ,मिलाने दो।

खड्ग ,तेरा खुद तेरे भुजदण्ड हैं।

मृत्यु को, आभास, हो जाने दो।

कार्य में गर हो विफल तो, खुदकुशी ।

प्यार में गर हो विफल तो, खुदखुशी ।

चार दिन के यार छूटें तो, खुदखुशी ।

जिंदगी का ख्वाब टूटे तो, खुदखुशी ।

खुदखुशी ,गर शर्म से जीना पड़े।

खुदखुशी ,गर जख्म को सीना पड़े।

खुदखुशी ,गर जिंदगी में सुख नहीं।

हे ! क़ौम, तुझको खुदखुशी से दुख नहीं?

खुदखुशी ,राधेय ने क्यों न किया था।

साहस को संजोकर, वह क्यों जिया था?

सत्य है, कुदरत ने उसको क्या दिया था?

जन्म देकर नाम पितु का ले लिया था।

जिंदगी से ,कर्ण की यूं ठन गई थी।

क्षत्रियकी ,सूद, माता ,बन गई थी।

उम्र भरशर्म का, विष पीना पड़ा ।

बस दान की पूंजी को लिये, जीना पड़ा ।

पर किया जो दान भी, क्या काम आया?

बस इसी के हित कवच-कुण्डल गंवाया।

जिंदगी में एक उसने प्रण किया था।

जिसके खातिर ,बन्धुओं से रण किया था।

पर नहीं छोड़ी कभी जीवन की आंशा।

अधूरी रह गयी ,पार्थ विजयी की लिपासा।

सत्य है, जीतता तो, भोग मिलता ।

पर उसे क्या रश्मियों का लोक मिलता?

जिंदगी को जीतना, है जीतना क्या?

जिंदगी गर जी लिया ,तो जीतना क्या?

मस्त हो गर वक्त पर ,तो वक्त का,

ज़ालिम नजारा बीतना क्या?

रिस्ता है या जंजीर है

यह सम्बंध है, या छलावा है,

या फिर कुछ इसके अलावा है,

मोहोब्बत वाली आँखों में ,नफरत है,

जिंदगी में घुटन है,

आँखों में नीर है,

ये रिस्ता है , या जंजीर है ?

क्या खूब लग रही थी तुम

क्या खूब लग रही थी तुम ,

जब पहली बार तुम्हें देखा था ,

क्या खूब लग रही थी तुम ।

देखते ही विस्मृत हो गया मेरा अतीत,

कंचन -कंचन, रग- रग तेरा,

मानौ अफीम ।

क्या खूब लग रही थी तुम।

तेरा दिल कोरे कागज सा सादगी का अक्षय भंडार,

मन की उज्ज्वल प्रतिमा लखकर,

मैं आज हो गया था निहाल।

क्या खूब लग रही थी तुम।

मेरे पतझड़ जीवन में फिर से बसंत लहराया था।

मेरी सूखी कलियों के बदले उद्यान आज घर आया था।

इस मरू में नूतन गंगा -सी बहती थी तुम।

क्या खूब लग रही थी तुम।

न जाने कब मौसम बदला, कैसे ऋतुएं रूठ गईं।

तेरी मेरी प्रेम पास की सारी कड़ियां टूट गईं।

फिर से स्मरण हुआ तेरा फिर पतझड़ ने हैरान किया।

क्या खूब लग रही थी तुम।

मैं भी आऊंगा

फुरसत मिलेगी तो मैं भी आऊंगा।
बिना हिचकिचाए, बिना शर्माए सब कुछ कह दूंगा।
मैं भी आऊंगा..........!

अभी मैं सोच रहा हूं शायद उम्र छोटी है,
इसलिए महत्वपूर्ण कार्य पहले करूं।
पहले बेस बनाऊ, मैं फिर कभी पहले देश बनाऊ।
ऐसा नहीं कि तुम जरूरी नहीं।
मैं भी आऊंगा............!

एक बात और ज्यादा दूरियों की है,
महामारी की खबर सुर्खियों में है।
मगर यह हवा में नहीं लोगों की नजरों में है।
तुम परेशान मत होना मैं डरूंगा नहीं।
मैं भी आऊंगा............!

मैं अच्छा नहीं बनना चाहता और बुराई का कारण भी नहीं।
मैं लक्ष्य को नहीं पीछे की भीड़ को देखता हूं।
यही मुझे आगे भगा रही है,
एक गुजारिश है गर सांसो ने धोखा दिया,
तो अपना वायदा पोस्टपोनड समझना।
नए युग में नए सिरे से इंतजार करना।
फुर्सत मिलेगी तो मैं भी आऊंगा।

सरहद की चिंता से बढ़कर मुझको यह चिंता खाती है

सरहद की चिंता से बढ़कर मुझको यह चिंता खाती है ।
जब बिना अन्न के सड़कों पर लाखों मायें सो जाती हैं।

जब एक बहन बाबू के पैरों में हाथ लगाती है।

खाली हाथ वहां से दूजे बाबू के ढिग जाती है

जब एक वृद्ध आंटी से धन खातिर आंश लगाता है।
बेटे की फीस की खातिर गालियां सैकड़ों खाता है ।

जब एक नन्हा सा भविष्य मैडम को चाय गिराता है ।
घर के चूहे की खातिर खुद चूल्हे में जल जाता है

बहनों की शादी की खातिर भाई बंदूक उठाता है

तब देख दृश्य कलेजा मेरा फट जाता है ।

इन घटनाओं से इंसानियत शोर मचाती है ।

सच कहता हूं मेरे भारत की हालात बिगड़ती जाती है ।
सरहद की चिंता से बढ़कर मुझको यह चिंता खाती है।

वह कौन थी ?

वह कौन थी?

कभी कभी सोचता हूं कि वह फूल थी या खुशबू।

फूल थी तो क्या सूख गई, खुशबू थी बह गई?

वह सपना थी, खो गई या झूठी कल्पना थी, मिट गई।

वह कौन थी?

वह शौक थी, हवा थी या फिर शायरी थी ,

जो नए दौर में , सुगंध के बीच नए शब्दों के मध्य घुट कर
मर गई।

वह कौन थी?

वह कोई शक्ति थी जो मेरे शरीर में अपना ,

बसेरा ढूंढने आई थी पर शायद ,

यह कुत्सित मन उसे रास न आया।

वह कौन थी?

शायद वह नसीहत थी जो हमें जीने का सलीका सिखा गई।

मरने का लहजा बता गई और,

कुछ लिखने को मजबूर कर गई।

आखिर वह कौन थी?

हम कम उम्र वाले नौजवान हैं

उधर खुशी की दुनिया ,इधर गम का इंतेंहान है।

इधर विराग ,उधर रिस्तों का तूफान है।

नशों में उबलता खून है तो,

कहीं अनजान राहों पर लड़खड़ाते कदम,

हमें देखकर जमाना हैरान हैं,

हम कम उम्र वाले नौजवान हैं।

हम कम उम्र वाले नौजवान हैं।

हमारे नजरों में कदर है उनकी,

हमारे क़दमों पर नजर है जिनकी,

मानो दोनों रास्ते साथ है,

हम गलत हैं तो कभी दिल के बड़े साफ हैं।

कभी किसी बात पर वक्ता बन जाते हैं,

तो कभी मौन हैं , जैसे बेजुबान हैं।

हम कम उम्र वाले नौजवान हैं।

हम कम उम्र वाले नौजवान हैं।

आशाओं की धुरी हैं हम ,

कहते हैं, बहुत गुनी हैं हम,

हमारे उम्र की कलाएं तो देखो,

एक ने गुलामी को ठुकराकर फांसी को गले लगा लिया,

और दूसरे ने मद में चूर रवि को निगल लिया।

पढकर देखो किस्से तमाम हैं।

हम कम उम्र वाले नौजवान हैं।

हम कम उम्र वाले नौजवान हैं।

डूबती पतवारों का किनारा हैं हम,

बाबू जी की लाठी और मां की आंखों का तारा हैं हम,

हमें रिश्ते भी खूब निभाना आता है ,

फिर वह चाहे क्रास हो ,चांद हो या भगवा हो ,

सबके खातिर मर जाना आता है।

जिस्म हैं ,हम दिल पास नहीं रखते ,

जिसे देते हैं ,उसे उदास नहीं रखते,

बहनों की साड़ी की शान हैं।

हम कम उम्र वाले नौजवान हैं।

हम कम उम्र वाले नौजवान हैं।

जिम्मेदारियां बोझ क्यों ना बनी हो ,

सीढ़ियां लहू से चाहे तरी हों ।

हमें चाहकर भी भटकना नहीं है।

बहारों में जाकर अटकना नहीं है।

खोज कर ही रहना है मंजिल की राहें।

मिले चाहे जाकर हम कुदरत की बाहें ।

जमाना याद रखेगा हमारी बंदगी को ,

जियेंगे हम मरण के बाद वाली जिंदगी को।

भटके हैं पर ,समझदार है ।

हम कम उम्र वाले नौजवान हैं।

हम कम उम्र वाले नौजवान हैं।

मतलब का जमाना है

मैं किसी की जरूरत हूं,

कोई मेरा सहारा है।

किसी से खून, किसी से दिल,

तो किसी से इन्सानियत का अफसाना है।

मतलब का जमाना है।

ध्वनि से वर्ण , वर्णों से शब्द,

शब्दों से वाक्य , वाक्यों से अनुच्छेद,

और फिर कागज-कलम और कर,

बस इसी तरह रिस्तों से बनता है घर,

सबका अपना काम है, अपना आशियाना है।

मतलब का जमाना है।

मतलब का जमाना है, तो क्या जीना छोड़ देंगे?

सहारों का अपसाना है ,तो क्या रिस्ता तोड़ देंगे?

किसी की उंगली थामकर कर खड़े हुए हैं,

तो अपना भी हांथ बढ़ाना है।

जीने मरने को किसको पड़ी है,

अपने को बस किरदार निभाना है।

मतलब का जमाना है।

लंगड़ी गाय की हाय !

वो रोती बिलखती थी।

भूख से ,प्यास से,

जिस्म के घाव से,

ऐसा लगता था जैसे,

मरना चाहती हो तंग आकर इंसान के बर्ताव से,

वो रोती बिलखती थी।

वो बेजुबान थी,

भीख भी नहीं मांग सकती थी,

उस इंसानी शैतान से ,

अपने जीवन की,

पर मन ही मन गुहार लगाती थी,

अपने भगवान से।

वो रोती बिलखती थी।

कहा होगा उसने टूटे-फूटे शब्दों में,

सांसों के निकलते वक्त-

हे मालिक मेरे दर्द को आबाद कर दे।

कृपा कर मुझको जिस्म से आजाद कर दे।

मौत आएगी मेरी यह तो तय था मगर,

इस कदर मौत देने वाले को बर्बाद कर दे।

मैं जा रही हूं बेमौत अपनी जान से,

वो रोती बिलखती थी।

सूरज

सुबह आता है शाम को जाता है

ना जाने कौन सी बेचैनी है इसको

रोज एक ही रास्ता दोहराता है।

कभी हमसे दूर जाकर सर्दी लाता है,

कभी इतने पास आता है कि जिस्म जलाता है,

ना जाने कौन सी बेचैनी है इसको,

रोज एक ही रास्ता दोहराता है।

नियत वक्त पर सवेर करता है,

यह किसका इंतजार इतना दिलेर करता है,

यह किसका पीछा करता है,

आहिस्ता आहिस्ता जाता है,

और 12 घंटे पूरे बिताता है,

ना जाने कौन सी बेचैनी है इसको,

रोज एक ही रास्ता दोहराता है।

खुद के खातिर ऐसा कौन करता है,

खुद से आजकल कौन मिलता है,

ए किसी से ही किया हुआ वादा है,

और वादे पर इश्क ज्यादा है,

जिसे करता है उसे निभाता है,

ना जाने कौन सी बेचैनी है इसको,

रोज एक ही रास्ता दोहराता है।

कभी उससे आंख मिचोली करता है,

बादलों में छिप जाता है,

बाहर आता है,

फिर छिप जाता है,

और फिर बाहर आता है,

ना जाने कौन सी बेचैनी है इसको,

रोज एक ही रास्ता दोहराता है।

www.ingramcontent.com/pod-product-compliance
Lightning Source LLC
Chambersburg PA
CBHW020855160726
47993CB00004B/1673